KLARTEXT

Hans Blossey

RUHRGEBIET
VON OBEN

Die schönsten Luftbilder der Region

Fotojournalist und Pilot Hans Blossey mit
seinem Reisemotorsegler Dimona H36.
Foto: Peter von Felbert

HANS BLOSSEY

1952 in Essen geboren. Fotovolontariat bei der Westdeutschen
Allgemeinen Zeitung in Essen, Arbeit als Bildredakteur im gesamten
Ruhrgebiet. 1991 Wechsel in die Zentral-Redaktion der WAZ und
zehn Jahre lang verantwortlicher Fotograf für die Seite Eins- und
die Reportage-Redaktion. 2009 Selbständigkeit als journalistischer
und gewerblicher Luftbildfotograf. Seit 1983 mit drei Fluglizenzen
und seit 1988 mit dem eigenen Flugzeug unterwegs. Sein
Luft-bildarchiv zählt mittlerweile über 300.000 Aufnahmen
und wird ver-vollständigt durch internationale Reisefotografie.
Hans Blossey ist darüber hinaus Mitglied in der
Fotografenvereinigung freelens/Hamburg und
Dozent an der Essener Medienakademie Ruhr
im Bereich Fotojournalismus.

www.luftbild-blossey.de

Bibliografische Information der Deutschen Nationalbibliothek
Die Deutsche Nationalbibliothek verzeichnet diese Publikation in der Deutschen Nationalbibliografie;
detaillierte bibliografische Daten sind im Internet über http://dnb.dnb.de abrufbar.

IMPRESSUM

2. Auflage November 2023
Satz und Gestaltung: Achim Nöllenheidt
Umschlagfotos: Hans Blossey
Umschlaggestaltung: Ina Zimmermann
Druck und Bindung: Griebsch & Rochol Druck GmbH, Gabelsbergerstraße 1, D-5969 Hamm
© Klartext Verlag, Essen 2020
Alle Rechte vorbehalten
ISBN 978-3-8375-2215-0

KLARTEXT   Jakob Funke Medien Beteiligungs GmbH & Co. KG
Jakob-Funke-Platz 1, 45127 Essen
info@klartext-verlag.de, www.klartext-verlag.de

INHALT

VORWORT

Vom Duisburger Hafen bis zum Maximilianpark in Hamm, vom Freilichtmuseum Hagen bis zur Halterner Südsee: Grandiose Ausblicke laden zum Entdecken einer vielseitigen Region ein, die auch und gerade den im Ruhrgebiet lebenden Menschen völlig neue, ungeahnte Sichtweisen auf ihre Heimat erlaubt.

Hans Blossey ist seit Jahrzehnten regelmäßig mit seinem Flieger unterwegs, sein Archiv umfasst mittlerweile 250.000 Luftbilder. Über und unter den Wolken gelingen ihm Aufnahmen, die durch die Ausweitung des Blickwinkels spannende Perspektiven eröffnen. Seine Fotografien bieten ein doppeltes sinnliches Vergnügen, weil sie erhabene Übersichten mit einem überwältigenden Detailreichtum vereinen.

Ob Skylines, Dorfidyllen, Parklandschaften, ehemalige Bergwerksareale oder Zechensiedlungen, ob Seen, Flussläufe, Wälder, Landmarken, Schlösser oder Stadien, ob Tages- oder Nachtaufnahmen – die aus der Vogelperspektive beobachteten Architekturen der Stadt- und Naturräume faszinieren zudem durch ihre Formen und Farben. Sie verwandeln sich in geometrische Figuren, das vom Boden aus gesehen scheinbar Chaotische ordnet sich, Strukturen werden sicht- und begreifbar.

So entwickeln Blosseys Fotografien über das bloße Abbild hinaus einen künstlerischen Perspektivwechsel, der Lust darauf macht, das Ruhrgebiet auf jeder Seite neu zu erleben.

Achim Nöllenheidt

STÄDTE AM WASSER

Duisburg
Mülheim

DUISBURG
Ehemaliger Kornspeicher,
heute Sitz des Landesarchivs
Duisburg

DUISBURG
Schauinsland-Reisen-Arena,
Heimstatt des MSV Duisburg

DUISBURG
Innenhafen mit dem
Bürokomplex „Five Boats"
und der Marina

DUISBURG
duisport, der weltweit größte Binnenhafen

DUISBURG
Kraftwerk Walsum

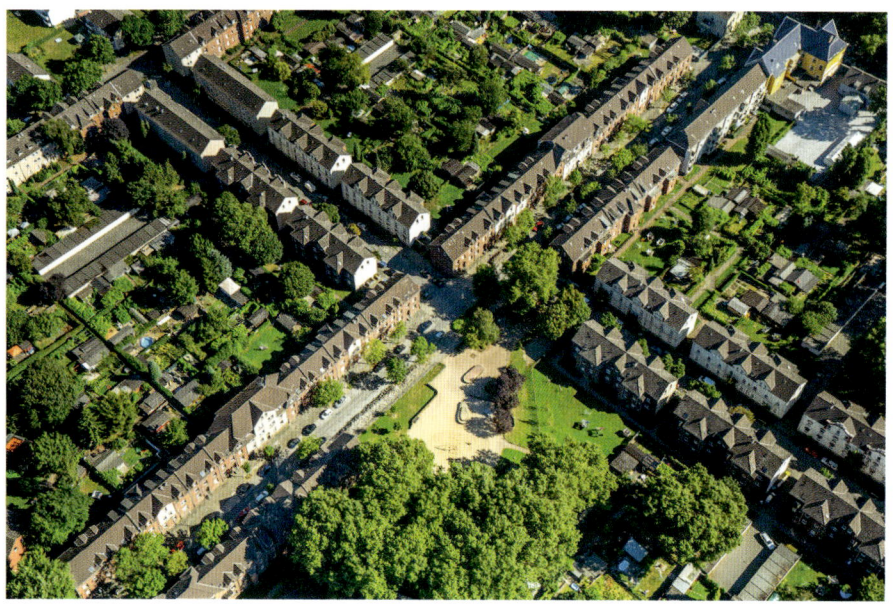

Bild folgende Seite:
DUISBURG
Siedlung Hüttenheim

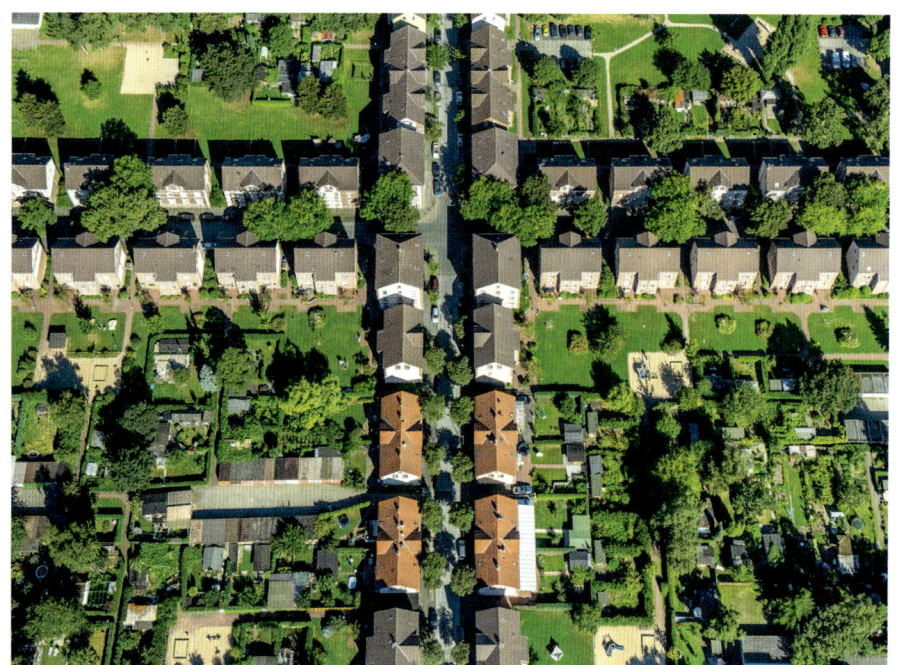

DUISBURG
Josef-(Jupp-)Kolonie
in Hamborn (oben),
Dichter-Viertel
in Hamborn

DUISBURG

Autobahnkreuz A40 / A59 Duisburg-Duissern
mit Kleingärten (oben),
Landmarke „Tiger and Turtle – Magic Mountain"
auf der Heinrich-Hildebrand-Höhe

DUISBURG
Rheinorange an der Mündung
der Ruhr in den Rhein

DUISBURG
Skulptur „Echo des Poseidon" von Markus Lüpertz auf der Mercatorinsel

DUISBURG
Weihnachtsmarkt auf der Königstraße (links)
DITIB-Moschee in Marxloh (oben)

DUISBURG

RheinPark in Hochfeld (oben)

Golfplatz in Huckingen (rechts)

MÜLHEIM/RUHR

Schloss Broich (links), Ringlokschuppen (oben) und Kloster Saarn

MÜLHEIM/RUHR
Aquarius Wasser-
museum im Styrumer
Wasserturm

MÜLHEIM/RUHR
Camera Obscura

MÜLHEIM/RUHR
Mintarder
Ruhrtalbrücke

MÜLHEIM/RUHR
Ausflugsschiff auf der Ruhr

MÜLHEIM/RUHR
Haus Ruhrnatur

MÜLHEIM/RUHR
Sommerspaß an
und in der Ruhr

MÜLHEIM/RUHR
Das Stadtzentrum
mit Stadthalle

MÜLHEIM/RUHR
Wasserbahnhof (oben),
Bismarckturm

VOM GASOMETER ZUR ARENA

Oberhausen
Bottrop
Gladbeck
Gelsenkirchen
Herne

OBERHAUSEN
Gasometer Oberhausen und das
CentrO am Rhein-Herne-Kanal

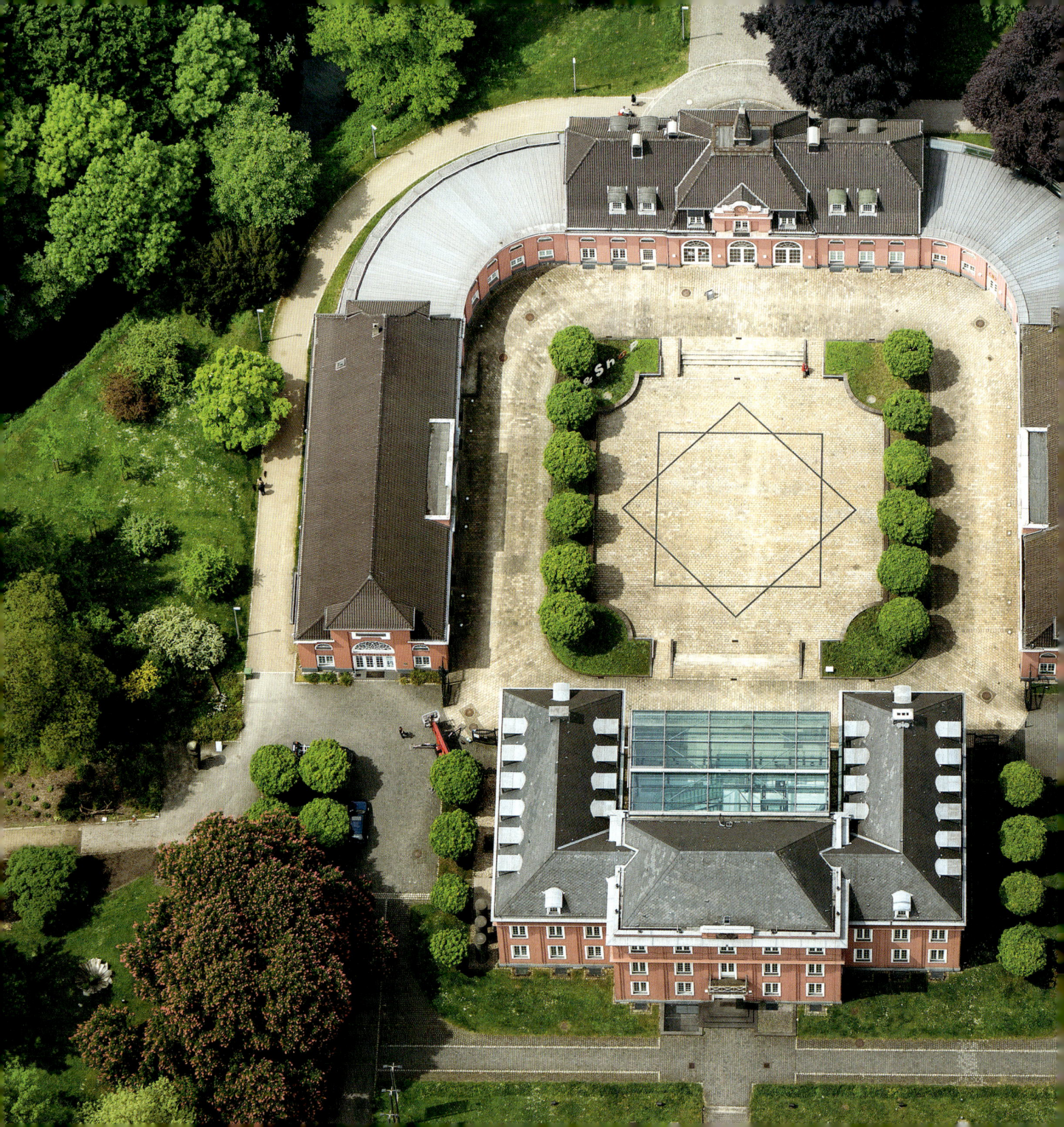

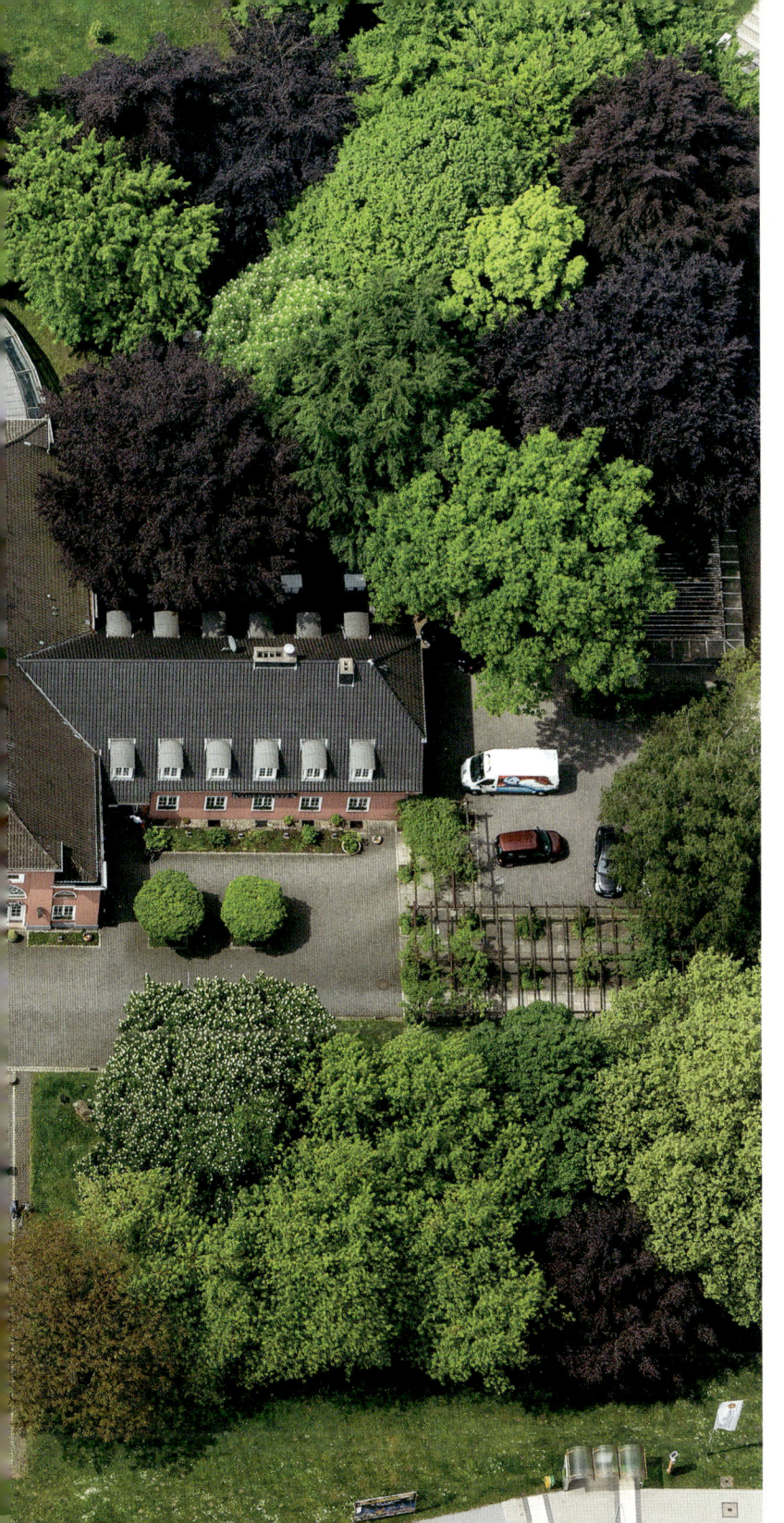

OBERHAUSEN
Siegessäule mit Friedensengel
auf dem Altmarkt in Oberhausen

OBERHAUSEN
Friedensplatz mit Amtsgericht
(unterer Bildrand) und
Europahaus

OBERHAUSEN
Einkaufszentrum CentrO Oberhausen

OBERHAUSEN
Die 35 Meter hohe
Stahlskulptur
„Zauberlehrling"
am Haus Ripshorst

OBERHAUSEN
Heckenlabyrinth
im CentrO.PARK

OBERHAUSEN
Strand-Bar
„CentrO.Beach"
im CentrO.PARK.

OBERHAUSEN
Siedlung Eisenheim (oben),
Burg Vondern

BOTTROP
Emscherklärwerk Bottrop mit Faultürmen bei Nacht

BOTTROP
Tetraeder auf der
Halde Beckstraße

BOTTROP
alpincenter auf der Halde Prosperstraße

BOTTROP
Halde Haniel mit Amphitheater

BOTTROP
Liebfrauenkirche,
Bottrop-Eigen

BOTTROP
Pyramide (Skulptur von Thomas Spiegelhalter) im Gesundheitspark Quellenbusch
am Knappschaftskrankenhaus

GLADBECK
Maschinenhalle Zweckel

GLADBECK

Innovationszentrum Wiesenbusch

GLADBECK
Wasserschloss Wittringen (llinks),
Weihnachtsmarkt am Gladbecker Rathaus

GELSENKIRCHEN
Musiktheater
im Revier (oben),
Hans-Sachs-Haus
in der Innenstadt

GELSENKIRCHEN
Schloss Berge (oben),
und Schloss Horst

57

GELSENKIRCHEN
Nordsternpark, auf
dem Nordsternturm
steht der „Herkules
von Gelsenkirchen",
eine 18 Meter hohe
Skulptur des Künstlers
Markus Lüpertz

59

GELSENKIRCHEN
VELTINS-Arena des
FC Schalke 04 (oben),
Schalke FanFeld am
Friedhof Beckhausen-
Sutum

GELSENKIRCHEN

Konzert im Amphitheater dem Gelände des Nordsternparks

HERNE
Zeche Teutoburgia,
Fördergerüst von Schacht 1

HERNE
Gartenstadtsiedlung Teutoburgia

HERNE
Cranger Kirmes

ENTLANG DES RUHRTALS

Essen
Bochum
Hattingen
Witten
Wetter
Herdecke
Hagen
Schwerte
Gevelsberg
Holzwickede
Fröndenberg/Ruhr

HERBEDE
Ruhrschleife bei
Witten-Heven

ESSEN

Einkaufscenter Limbecker Platz (oben),
Essener Skyline um den Hauptbahnhof

ESSEN
Schloss Borbeck

ESSEN / RATINGEN
Schloss Landsberg

ESSEN
Heisinger Ruhrbogen (oben),
Villa Hügel
mit Hügelpark

ESSEN
Regatta auf dem Baldeneysee

ESSEN
Blick über die Essener
City, im Vordergrund
das Rathaus

Bilder folgende
Doppelseite:
ESSEN
Eislaufbahn an der
Kokerei Zollverein (l.)

Seaside Beach am
Baldeneysee (Mitte)

Wellenbecken im
Grugabad (rechts oben)

Eislaufbahn auf dem
Kennedyplatz

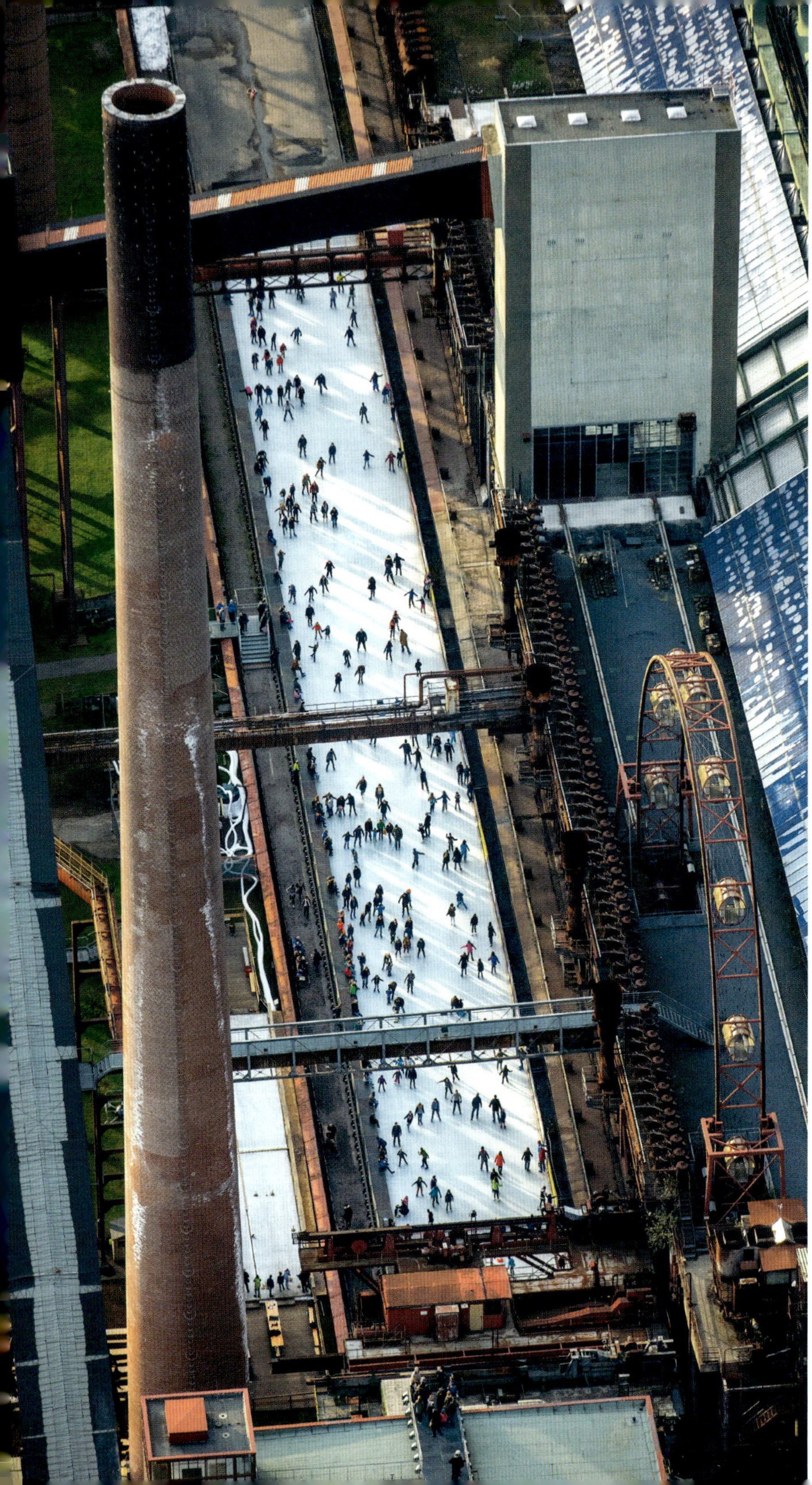

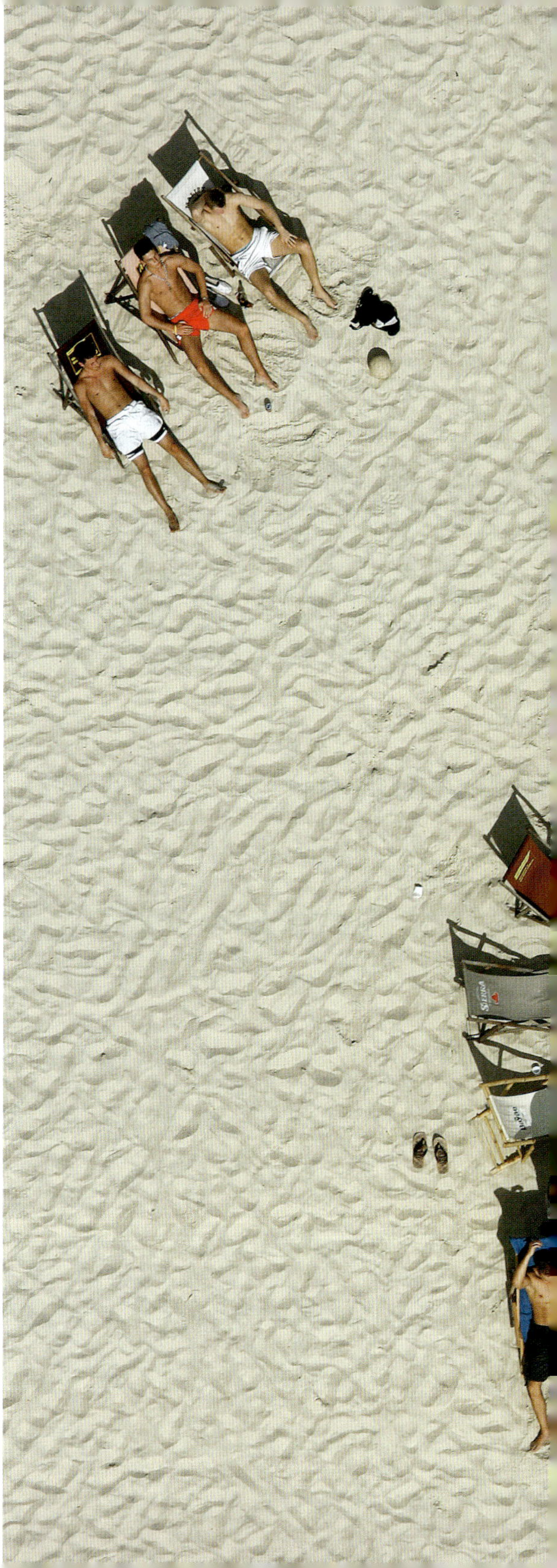

BOCHUM
Ruhr-Universität
Bochum

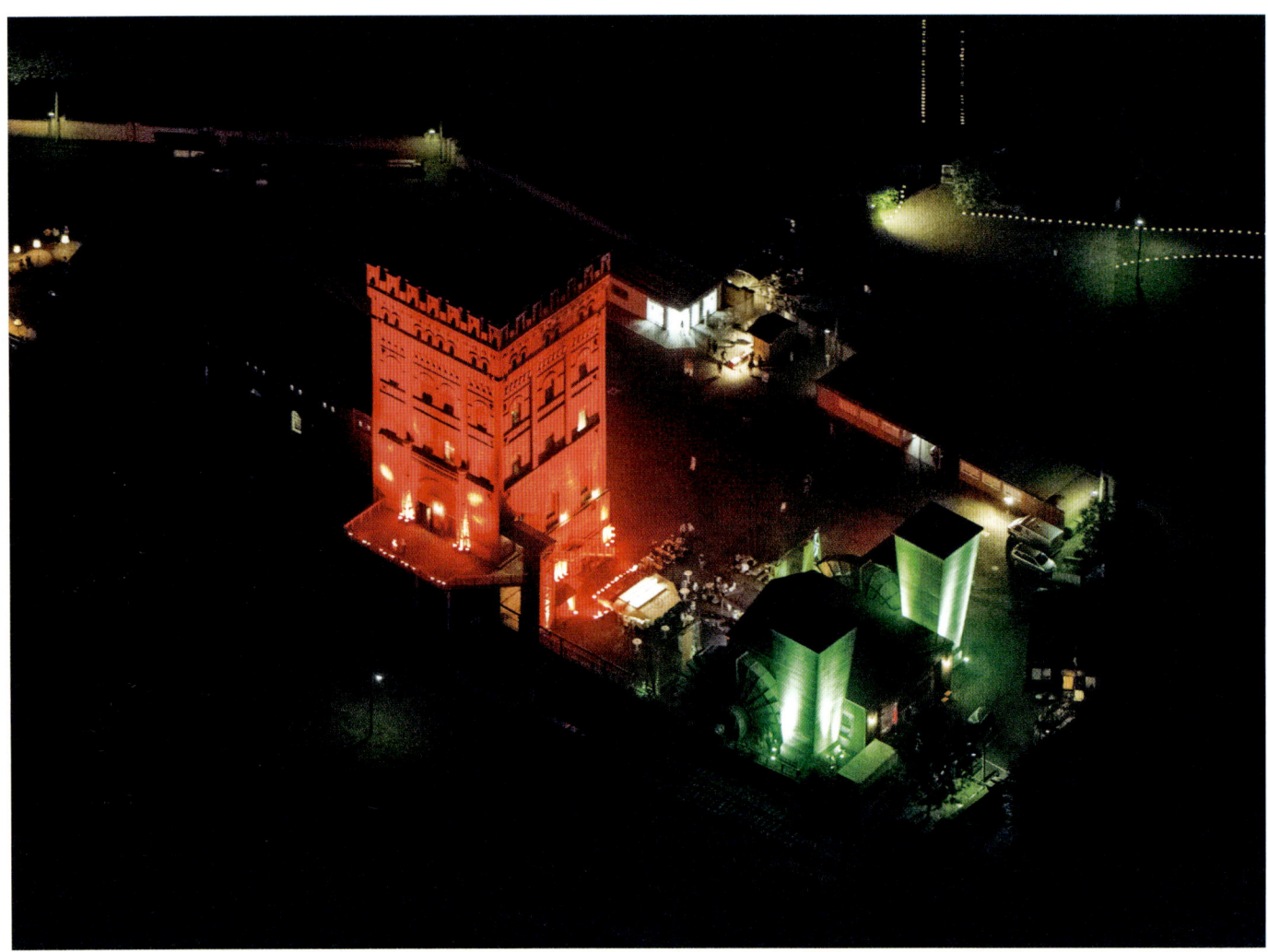

BOCHUM
Die Zeche Hannover (oben) und das Deutsche Bergbau-Museum
während der Extraschicht – Nacht der Industriekultur

BOCHUM
Stiepeler Dorfkirche

BOCHUM
Zeche Holland, Bochum-Wattenscheid

BOCHUM
Blick über die City
mit dem Fördergerüst
des Deutschen
Bergbau-Museums,
der Propsteikirche
St. Peter und Paul und
dem Exzenterhaus

BOCHUM
Vonovia Ruhrstadion,
Spielort des
VfL Bochum

BOCHUM
Kemnader See, alljähr-
lich auch die Kulisse für
das Zeltfestival Ruhr
(im Vordergrund)

BOCHUM
Kleiner Leuchtturm am
Zugang zu den Anlegern
am Kemnader See

BOCHUM
Segelbootanleger Hafen
Heveney, Kemnader See

HATTINGEN

Burg Blankenstein (links), Burgruine Isenburg mit Haus Custodis

HATTINGEN
Gartenstadt Hüttenau (oben), Auerochsen an der Ruhr

HATTINGEN
Die evangelische Kirche Sankt Georg auf dem Kirchplatz im historischen Stadtkern

WITTEN
Bauernhof im Rapsfeld (oben), Bergerdenkmal auf dem Hohenstein,
Ruhrviadukt (rechts)

Bild folgende Doppelseite: **WETTER** Harkortsee

Bild folgende Seite:
HERDECKE
Ruhrviadukt
mit Ausflugsschiff

HERDECKE
Rathaus (oben),
Koepchenwerk am
Hengsteysee

HAGEN
Schloss Hohenlimburg

HAGEN
Freilichtmuseum Hagen

HAGEN
Fernuniversität (oben),
Rangierbahnhof Vorhalle

Bilder folgende Seite:
SCHWERTE
Rohrmeisterei Schwerte (oben),
Stadtkern mit Marktplatz und
St. Viktor Kirche

SCHWERTE
Kiesbett in
der Ruhr

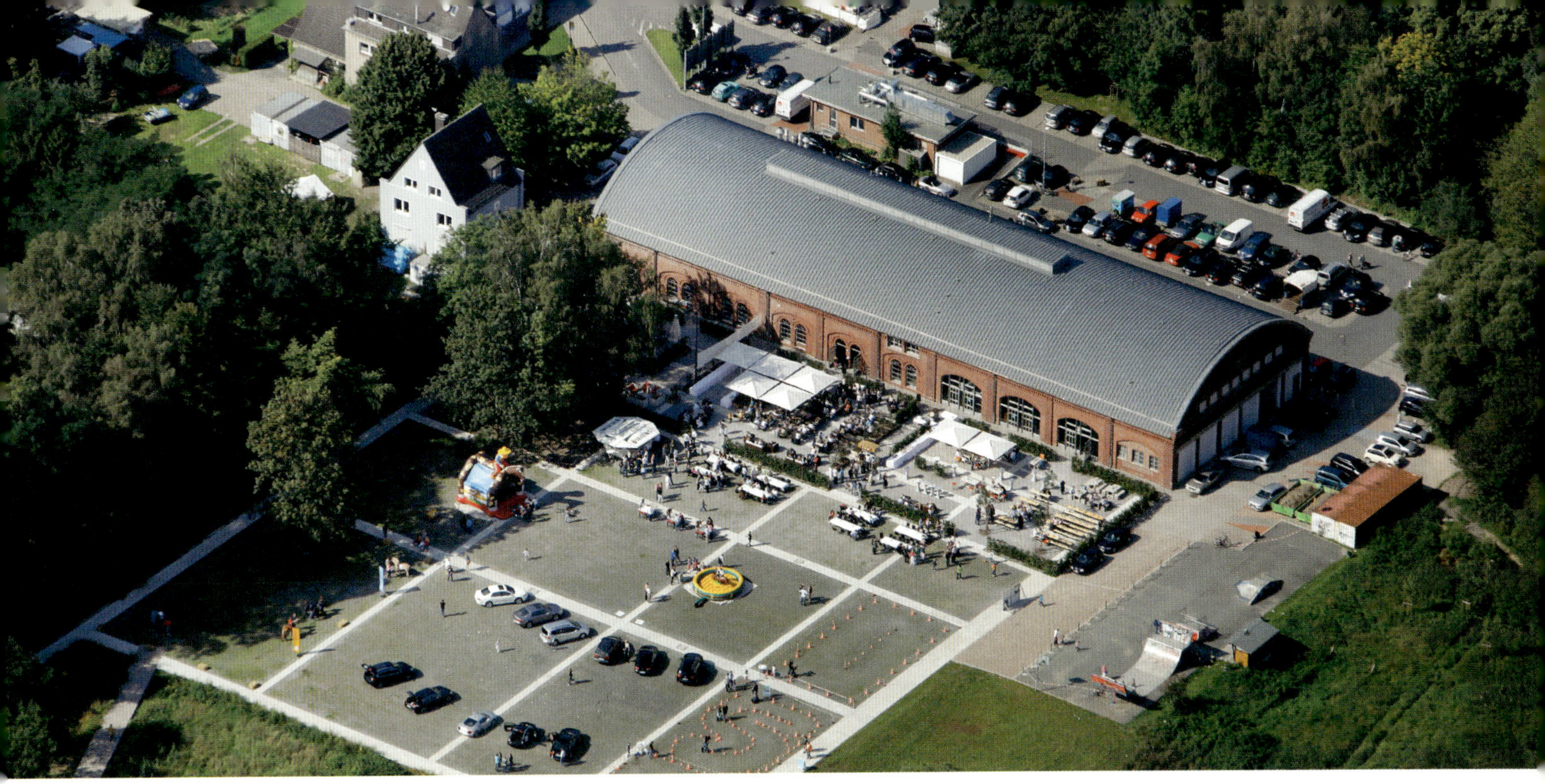

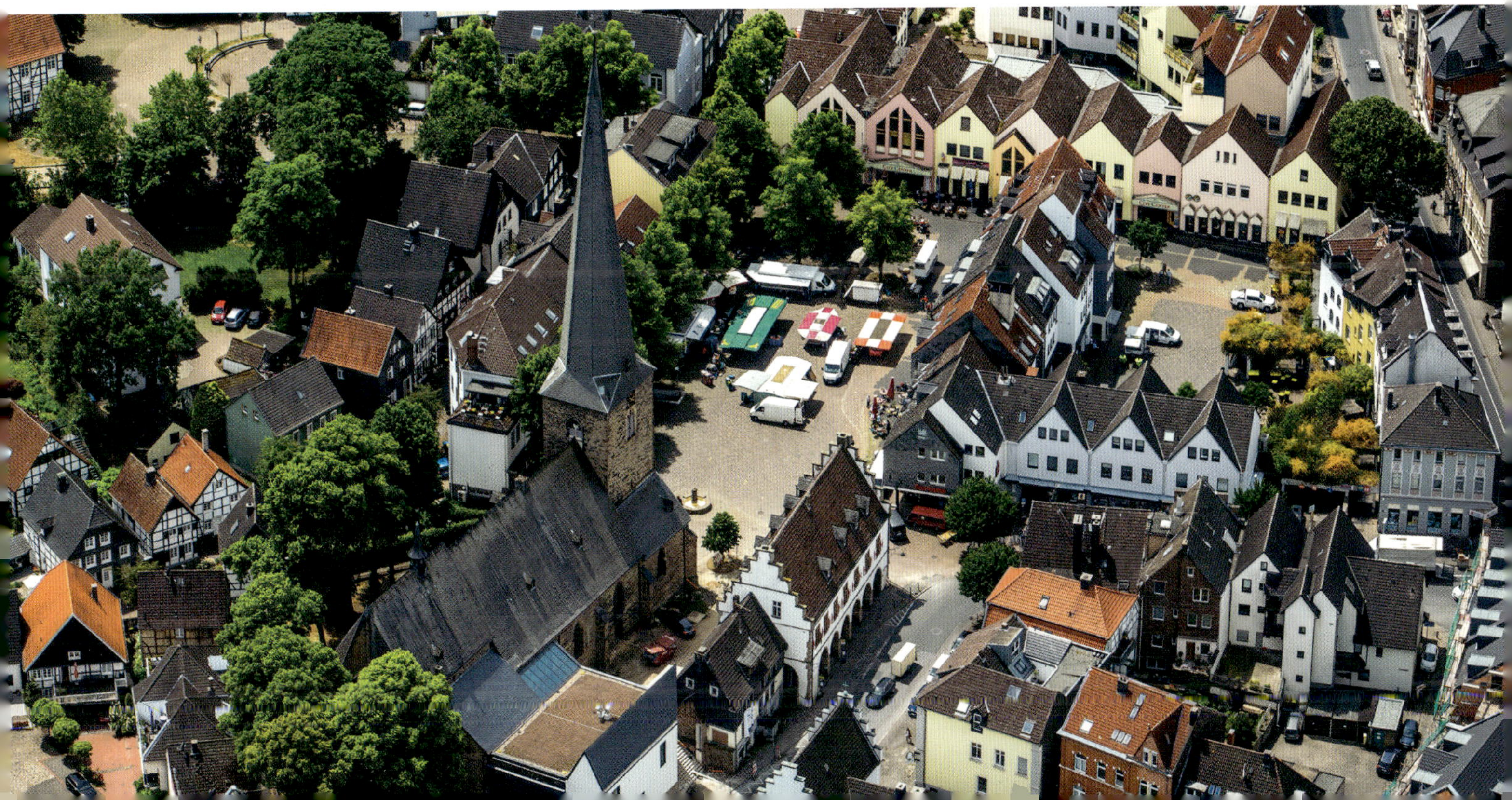

GEVELSBERG
Graue Kraniche im Flug
über Gevelsberg

HOLZWICKEDE
Emscherquellhof

HOLZWICKEDE
Haus Opherdicke

STADT
LAND
WALD

Recklinghausen
Herten
Castrop-Rauxel
Dorsten
Schermbeck
Marl
Haltern am See
Oer-Erkenschwick
Datteln
Waltrop

RECKLINGHAUSEN
Baumkreis bei
Recklinghausen-Essel

RECKLINGHAUSEN
Gourmetmeile am
Rathaus (oben),
Beachfeeling,
Stadthafen Recklinghausen

RECKLINGHAUSEN
Blick auf die Innenstadt

HERTEN
Landschaftspark Hoheward mit
dem Horizontobservatorium
auf der Halde Hoppenbruch
(hinten) und der Sonnenuhr
auf der Halde Hoheward

HERTEN
Altes Dorf, Westerholt

115

CASTROP-RAUXEL
Wasserschloss
Bladenhorst (oben),
Schwerin, Wohnen
im Kornfeld

CASTROP-RAUXEL

Sonnenuhr auf der Schweriner Halde, Kunstwerk von Jan Bormann

DORSTEN
Wasserschloss Lembeck

DORSTEN
Übersicht über das Stadtzentrum

MARL
Chemiepark Marl

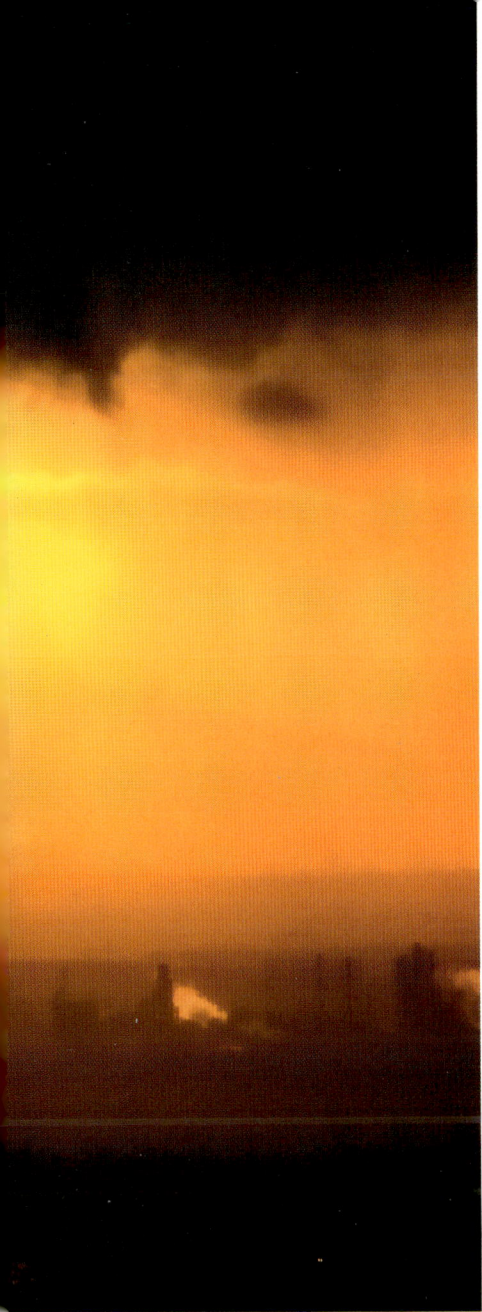

MARL

Rathaus mit Rathaussee

HALTERN AM SEE
Seebad Haltern (vorangegangene Doppelseite), Segler auf dem Halterner See (oben), Badespaß am Silbersee II

HALTERN AM SEE
Der historische Stadtkern aus der Luft

HALTERN AM SEE
LWL-Römermuseum,
Römerpark Aliso

HALTERN AM SEE
LWL-Römermuseum

DATTELN
Dattelner Meer, Treffpunkt des Wesel-Datteln- und des Dortmund-Ems-Kanals

DATTELN

Baumgruppe in Herzform

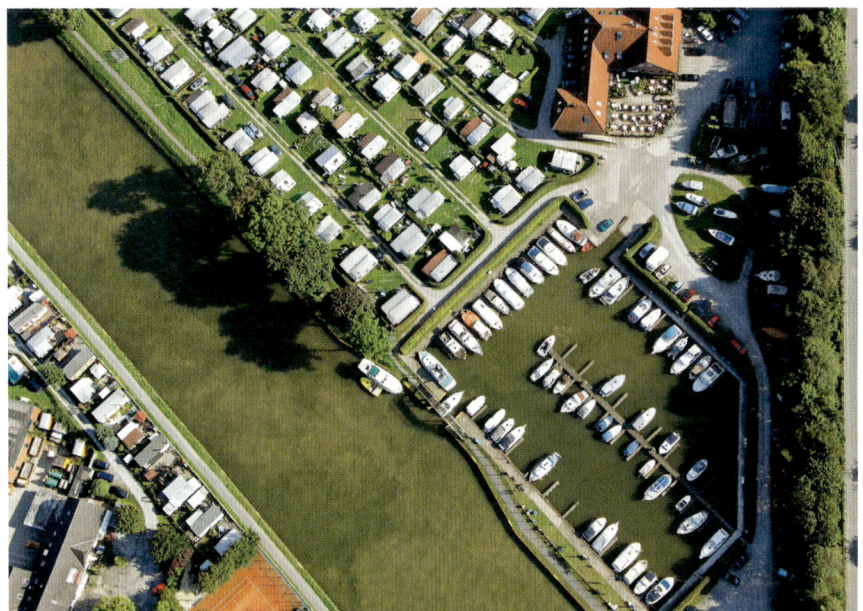

WALTROP

Schiffshebewerk Henrichenburg (links), Yachthafen (oben), Zeche Waltrop

PHOENIX UND GLASELEFANT

Dortmund
Lünen
Bergkamen
Kamen
Unna
Hamm
Selm
Werne

DORTMUND
Attraktives Stadtquartier:
der PHOENIX See

DORTMUND
Westfalenpark und Florianturm (oben), Dortmunder U

DORTMUND

DASA Arbeitswelt Ausstellung (oben), Lanstroper Ei

DORTMUND
Haus Dellwig (oben),
Alte Kolonie Eving

DORTMUND

LWL-Industriemuseum Zeche Zollern

DORTMUND
Altes Hafenamt

DORTMUND
Blick auf die nächtliche City

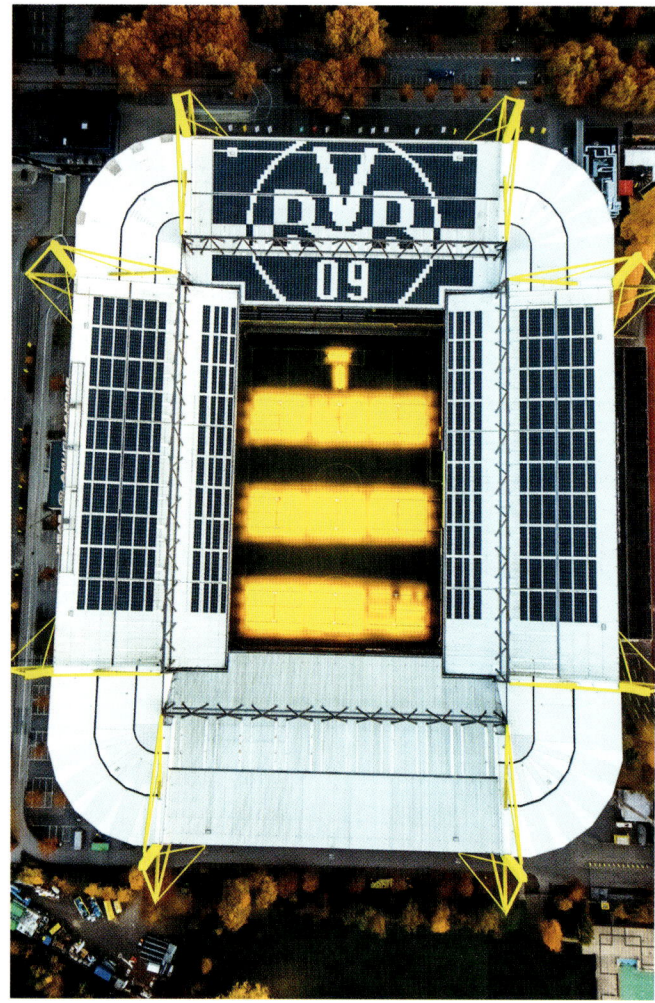

DORTMUND
BVB-Kultstätte
Borsigplatz

DORTMUND
Signal Iduna Park, Pilgerstätte für die Fans der Borussia (oben),
Public Viewing auf dem Friedensplatz (rechts)

LÜNEN
Drachenfestival auf dem
Lünener Segelflugplatz

LÜNEN
Bauernhof Lünemann in Cappenberg mit Maislabyrinth

LÜNEN
Altes Dorf

BERGKAMEN
Marina Rünthe

BERGKAMEN

Arbeitersiedlung D-Zug Rünthe

KAMEN
Stadtkern von Kamen (oben), Haus Heeren

KAMEN
Kamener Kreuz mit ADAC-Denkmal

UNNA
Blick in die Altstadt

HAMM
Pauluskirche mit
Weihnachtsmarkt
und Eisbahn

HAMM

Nächtliches Panorama mit Blick auf den Hauptbahnhof

Bild folgende Doppelseite:

HAMM

Schloss Oberwerries

HAMM
Schloss Oberwerries im Morgenlicht

HAMM
Kreuzwolke über dem Gersteinwerk

HAMM

Ort der interreligiösen Begegnung, Lippepark Hamm

HAMM

Haldenzeichen, Lippepark Hamm

HAMM
Sonnenuntergang über
der Lippe und dem
Datteln-Hamm-Kanal mit
Hafen und Kohlekraft-
werk Gersteinwerk